AF398545

DIE GRUNDPRINZIPIEN

Das Handbuch für ein besseres Leben!

Gut denken, gut sprechen, gut handeln

Achte stets auf Deine **Gedanken**, denn sie werden zu Deinen Worten. Achte auf Deine Worte, denn sie werden zu Deinen Handlungen. Achte auf Deine Handlungen, denn sie werden zu Deinen Gewohnheiten. Achte auf Deine Gewohnheiten, denn sie werden zu Deinem Charakter. Achte auf Deinen Charakter, denn er bestimmt Dein **Schicksal**.

Herausgeber:
BODYCOMPASS e.K. Verlag
© 2016, Reza Hojati
Autor: Reza Hojati

1. Auflage 2016
Internet: www.hojati.de
Bildnachweis: pixabay.com
ISBN: 9783981337846

Umwelthinweis: Gedruckt auf FSC-zertifiziertem Papier aus nachhal-
tiger Waldwirtschaft

EINLEITUNG

Die **Grundprinzipien** in diesem Buch sind für Menschen und deren Interaktionen mit anderen und der Welt.

Die heutige Zeit ist geprägt von Problemen, Sorgen und Stress. Wir sind oft so negativ orientiert, dass wir das Gute in unserem Leben nicht mehr genießen können, ja oft nicht einmal mehr wahrnehmen.

Das Buch, das Sie gerade in Ihren Händen halten, hat das Potenzial, Ihr Leben grundlegend zu verändern. Es ist kein Zufall, dass manche Menschen Glück und Erfolg haben und andere nicht. Glück und Erfolg sind vorhersagbare Resultate, die durch bewusstes Denken und Handeln zustande kommen. Im Laufe dieses Buches werde ich Ihnen einige Grundprinzipien zeigen, die Ihr Denken und Handeln positiv verändern können und Sie so beginnen, Ihr Leben erfüllt wahrzunehmen.

Alle gesunden Menschen kommen mit demselben neurologischem Grundsystem zur Welt. Dieses System überträgt die Informationen, die wir aus der Umwelt aufnehmen, über Sinne in unser Gehirn.

Als Umwelt bezeichnen wir in diesem Zusammenhang alles, was außerhalb von uns liegt, aber auch unsere Organe, also Augen, Ohren, Haut, Magen und Lunge. Das Gehirn verarbeitet die Informationen und überträgt Botschaften zurück an unsere Organe.

Bei den Augen kann das beispielsweise zur Folge haben das wir blinzeln. Die Informationen können aber auch Gefühle auslösen – wir freuen uns, weinen oder lachen. Kurz: Wir verhalten uns auf eine bestimmte Art und Weise.

Unsere Fähigkeit, etwas im Leben zu vollbringen, ein glückliches Leben zu führen, hängt ganz davon ab, wie wir unser Nervensystem beherrschen. Deshalb ist

dieses Handbuch darauf ausgelegt, zu lernen, wie man effektiver denkt, die Welt wahrnimmt, interpretiert und mit anderen und sich selbst besser kommuniziert.

Einschneidende Veränderungen geschehen meistens in unserer Wahrnehmung und nicht in der Außenwelt.

Wir können unsere Wahrnehmung, mit Hilfe von den, in diesem Buch thematisierten Grundprinzipien, von einem Moment auf den anderen verändern.

Jeden Tag werden Sie kleine Veränderungen vornehmen, Veränderungen, die Sie zuerst gar nicht bemerken. Aber je weiter Sie mit den Grundprinzipien arbeiten und in diesem Prozess voranschreiten, desto mehr wird Ihnen bewusst, welche Fortschritte Sie gemacht und wie sehr Sie sich bereits positiv verändert haben.

Der menschliche Geist lernt, indem er verallgemeinert. Ein Kind lernt beispielsweise, dass eine Tür aufgeht und sich wieder schließt. Der Geist verallgemeinert diese Erfahrung und wendet sie fortan auf alle Türen an.

Dabei spielt es keine Rolle, ob das Lernen auf angenehme oder schmerzhafte Weise vor sich ging. Mit diesen Grundprinzipien werden Sie beginnen Ihre negativen Verallgemeinerungen, die Sie in Bezug auf die Welt gemacht haben, durch positive Überzeugungen und neue Erfahrungen zu ersetzen.

Mit diesem Handbuch und den darin enthaltenen Grundprinzipien möchte ich Ihnen helfen, mehr Kontrolle über sich, über Ihr Denken und Ihr Verhalten sowie Ihr Leben zu erlangen.

Halten Sie sich dabei nur an die Grundprinzipien in diesem Buch, selbst wenn Sie sich einmal nicht sicher sein sollten, ob Sie es auch richtig machen. Zusammen werden wir diese neue Grundeinstellung in Ihr Bewusstsein manifestieren.

Eine kleine Anekdote

Eine Klientin (Maria) hat eine Tochter namens Nicole, die, als sie jünger war, oft in heftige Wutanfälle ausbrach und sich auf den Boden warf und schrie.

Eines Tages trainierte Nicole ihre Lunge gerade mit Hingabe, als Maria einen spontanen Einfall hatte: Sie nahm ein paar Metallpfannen aus dem Schrank, schlug sie auf den Holzboden und trat und schrie noch heftiger als ihre Tochter. Und was passierte? Nicole war erstaunt und starrte ihre Mutter an.

Sie entschied auf der Stelle, dass ihre Mutter der bessere Experte in Sachen Wutanfälle sei. Die Wutanfälle waren von diesem Moment an beendet. Maria übernahm die Kontrolle im Umgang mit Nicole, weil sie die größere Verhaltensflexibilität an den Tag legte.

Diese kleine Anekdote zeigt sehr schön, dass die Person in einem System das die größte Flexibilität aufweist, das System beeinflussen kann. Wenn Sie die Grundprinzipien in diesem Buch üben und übernehmen, werden sie Ihnen dabei helfen, Ihre Reise durchs Leben zu erleichtern.

ALS ERSTES STEHT DIE EINSTELLUNG

DIE GRUNDPRINZIPIEN FÜR EIN BESSERES LEBEN

„Die Grundprinzipien" nutzen moderne Erkenntnisse der Neurologie und der positiven Psychologie, um Menschen die Möglichkeit zu geben, ihre positiven Kräfte wieder nutzbar zu machen.

Mit diesen, auf gesundem Menschenverstand basierenden Grundprinzipien, soll im Menschen Integrität und Vertrauen wiederhergestellt werden.

Die Menschen erfahren, dass das Leben Spaß machen kann, wie sie verschiedene Formen des Glücks finden und ihren persönlichen Erfolg erreichen können. Dieses Handbuch hat das Potential, die moralische Leere in unserer zunehmend materialistischen Gesellschaft zu füllen.

Die in ihm enthaltenen grundlegenden Prinzipien führen zu einer höheren Lebensqualität und einem erfüllten Leben. Sie können von jedem Menschen befolgt werden – unabhängig von Staatsangehörigkeit, Herkunft oder Konfession. Sie stellen die einander vereinenden Bindungen zwischen den Menschen wieder her.

Sie verbessern die interne sowie externe Wahrnehmung jedes Menschen und schaffen die Möglichkeit mit unangenehmen Situationen besser umgehen und Herausforderungen mit Leichtigkeit und mehr Gelassenheit meistern zu können. Der Mensch erkennt den Sinn seiner Handlungen und arbeitet zielorientiert. Durch diese Grundprinzipien schafft er es, seinen Geist auf lösungsorientiertes Denken zu programmieren, anstatt

Probleme zu wälzen und in einem depressiven, handlungsunfähigen Zustand zu verharren. Er schafft es, aus dem Mangelempfinden herauszukommen und bringt sich in einen ressourcenvollen Zustand. Die Chance, Dinge anzugehen, Erfolge zu erzielen und ein erfülltes Leben zu führen, wird dadurch enorm gesteigert.

Wir stehen an der Schwelle zu einem gewaltigen Evolutionssprung und befinden uns in einer besonderen, historischen Phase. Unsere Welt verändert sich täglich und das, in rasantem Tempo. Wir leben in einem digitalen Informationszeitalter, indem wir alles, was auf der Welt geschieht, direkt am Fernsehbildschirm mitverfolgen können. Durch weltweite Kommunikationssysteme sind die Menschen, wie Nervenzellen in einem riesigen globalen Gehirn, miteinander vernetzt.

Meiner Meinung nach wird der nächste große menschlichen Entwicklungsschritt darin bestehen, dass wir das Informationszeitalter hinter uns lassen und in eine neue Ära eintreten, in der die Menschen damit beginnen, ihre inneren Ressourcen zu entwickeln. Wir werden lernen, die erstaunlichen Kräfte und inneren Fähigkeiten zu nutzen, mit denen wir geboren wurden. Diese Zeit liefert uns quasi eine Art Gebrauchsanweisung für unser Gehirn.

Die meisten Menschen beschäftigen sich glücklicherweise immer mehr damit, Gehirnanwender zu werden anstatt nur Gehirnbesitzer zu sein. Sie möchten mehr darüber erfahren, wie sie ihr Gehirn richtig benutzen können. Wenn Sie die Grundprinzipien dieses Buches praktizieren, setzen Sie sich von den 98 Prozent der Menschen ab, die gelegentlich zwar über Wahrheit stolpern, sich dann aber nur aufrappeln und weitermachen wie zuvor, als sei nichts geschehen.

DIE MACHT DES BUCHES

Die eigentliche Macht des Buches kommt zur Geltung, wenn es an andere verteilt und von Hand zu Hand weitergereicht wird.

Da sich die Taten der Mitmenschen nachhaltig auf das eigene Leben auswirken können, erhöht man sein eigenes Glückspotenzial, wenn man dieses Handbuch an Familienmitglieder, Freunde, Kollegen, Angestellte und Kunden weiterreicht.

Gehen wir davon aus, dass Sie Ihren Freunden und den Menschen, mit denen Sie zu tun haben, helfen möchten. Wählen Sie jemanden aus, dessen Handeln einen – sei es auch nur entfernten – Einfluss auf Ihr eigenes Leben haben könnte. Schenken Sie dem Betreffenden das Buch und lassen sie ihn seinen Namen darin eintragen. Geben Sie ihm zusätzliche Exemplare dieses Buches. Lassen Sie ihn diese Exemplare anderen weiterverschenken, die mit seinem oder Ihrem Leben verbunden sind.

Wenn Sie mit immer mehr Menschen so verfahren, werden Sie Ihr eigenes Glückspotenzial und das der anderen enorm steigern.

Auf diese Weise hilft man anderen, sich und andere besser zu verstehen und ein glücklicheres und erfülltes Leben zu führen. Ermuntern Sie ihre Mitmenschen dazu, anderen mit Güte, Mitgefühl und Respekt zu begegnen.

Auf diese Weise gelangt das Handbuch von einer Person zur nächsten und hilft somit dabei, dass jene Menschen ein besseres Leben führen können.

WORAUF ES WIRKLICH ANKOMMT

Manchmal vergessen wir, dass keinem von uns schwere Zeiten erspart bleiben. Zeiten, in denen wir das Gefühl haben, die Ereignisse und äußeren Umstände in unserem Leben seien stärker als wir selbst. Manchmal fühlen wir uns ganz einfach völlig am Boden zerstört und das Leben verliert an Sinn.

Zum Beispiel kann plötzliche Arbeitslosigkeit in uns schwere Verlustgefühle auslösen – selbst wenn wir immer noch unser Heim und unsere Familie um uns haben. Die Herausforderungen, denen wir uns gegenübersehen, können so enorm erscheinen, dass wir die Frustrationen der anderen Menschen, um uns herum, gar nicht mehr wahrnehmen.

Wir sind aber nicht allein. Wollen wir ein wirklich erfolgreiches, erfülltes Leben führen, so müssen wir lernen, die emotionalen Schwierigkeiten unserer Mitmenschen auch zu respektieren und zu verstehen. Dadurch werden wir viel dankbarer für das Gute in unserem eigenen Leben, selbst für unsere eigenen Schwierigkeiten.

Letztendlich besteht der einzige Weg, den vollen Reichtum des Lebens zu erfahren, darin, ein Gefühl der Dankbarkeit zu entwickeln. Wertzuschätzen, was man hat, und was man geben kann.

Der beste Weg zum eigenen Glück besteht darin, anderen dabei zu helfen, glücklich zu werden. Und das ist die Botschaft dieses kleinen Handbuches.

Sobald Sie die Grundprinzipien verinnerlicht haben, werden diese in Ihnen dann weiterarbeiten, auch wenn Sie diese nicht mehr bewusst benutzen.

„So wie ein Gärtner Samen pflanzt und geduldig wartet, bis aus ihnen etwas wächst, so pflanzen auch Sie jedes Mal, wenn Sie das Buch an andere verschenken. Arbeiten Sie selbst beharrlich mit diesem Buch und beherzigen Sie die Grundprinzipien. Aus ihnen werden sich mit der Zeit wirkungsvolle Werkzeuge entwickeln, Ihre Grundeinstellung wird sich positiv verändern und Sie mit Fähigkeiten ausstattet, mit denen Sie Ihr Leben meisterhaft gestalten können.“

Aufbruch zu einer gemeinsamen Reise

Ein Mann, der von einem Tiger verfolgt wurde, dreht sich verzweifelt herum, sah ihm in die Augen und schrie: „Warum lässt Du mich nicht in Ruhe?“ Der Tiger antwortete: „Warum hörst Du nicht auf, so appetitlich zu sein?“

In jeder Kommunikation zwischen zwei Personen – oder in diesem Fall zwischen Mensch und Tiger, gibt es immer mehr als nur eine Perspektive.

Manchmal können wir das einfach nicht verstehen, weil wir nicht sehen können, was vor uns liegt.

Dieses Beispiel macht deutlich, wie wichtig die Perspektivenwahrnehmung in einer Kommunikation ist. Ein weiteres Grundprinzip, das Sie in diesem Buch lernen, hilft Ihnen dabei neue Perspektiven wahrzunehmen.

Dadurch verbessert sich Ihre Kommunikation und Sie werden handlungsfähiger.

ALS ERSTES STEHT DIE EINSTELLUNG

Die Grundprinzipien in diesem Buch sind
sozusagen eine Lebenseinstellung,
die Sie dazu befähigt, alles in Ihrem Leben
so zu verändern, dass es zu dem passt, wer
Sie wahrhaftig sind oder was Sie erfahren
wollen.

Diese Grundprinzipien vermitteln eine Grundhaltung.
Jeder einzelne und jede Gruppe strebt danach, im Leben
möglichst viel Freude und möglichst wenig Schmerz zu
erfahren.

Alles ist möglich, wenn Sie über Meinungen und Einstellungen verfügen, die Ihren Erfolg unterstützen.

Wenn Ihre aktuellen Einstellungen Ihnen nicht dabei
helfen, ein erfülltes und gewinnbringendes Leben zu
führen, sollten Sie vielleicht Veränderungen in Betracht
ziehen. Die Änderung von Meinungen und Einstellungen
verändert tatsächlich auch Ihr Leben.

Viele Menschen verbringen viel Zeit damit, die negativen Seiten ihres Lebens zu betrachten – was sie alles am
ihrem Job hassen oder dass sie eigentlich nicht mehr
rauchen oder nicht mehr dick sein wollen. Wenn man
sich allerdings auf das konzentriert, was man will,
können ziemlich schnell positive Ergebnisse erzielt
werden.

*„Was würde geschehen, wenn Sie auf den folgenden Seiten
lernen, wie Sie mit ein paar einfachen Schritten glückli-
cher und zufriedener werden und buchstäblich jeden
Bereich Ihres Lebens verbessern können?"*

DIE VERÄNDERUNG LIEGT BEI IHNEN

Die Tage, an denen Sie im Sog immer wiederkehrender, nervtötender und uneffektiver Verhaltensmuster und Reaktionen gefangen waren, sind jetzt gezählt. In diesem Handbuch geht es schließlich um messbare Ergebnisse, die die Lebensqualität von Menschen ganz ohne eine langwierige und schmerzhafte Reise in die Vergangenheit verbessert.

Wenn Sie sich mit den Grundprinzipien in diesem Buch vertraut machen, werden Sie merken, dass diese Sie zu neuen Lösungswegen und Perspektiven führen, welche auf Vertrauen und Verständnis beruhen. Es geht ums Ausprobieren, ums Loslegen.

„Die Verantwortung für Veränderung liegt ganz bei Ihnen: Dieses Buch ist nur der Moderator."

UNSERE ZIELSETZUNG

Die Grundprinzipien wurden mit der Zielsetzung geschrieben, einen Leitfaden zu einem besseren Leben zu geben, der auf gesundem Menschenverstand beruht und Vertrauen und Ehrlichkeit wiederherstellt.

Diese Zielsetzung wird von jedem einzelnen erfüllt, der diese Anleitung mit seinen Mitmenschen teilt – dies führt zu einer erhöhten Toleranz und ein mitfühlendes Verständnis zwischen den einzelnen Menschen, Familienmitgliedern, Freunden, Gruppen, Gemeinden, Nationen und letztendlich der gesamten Menschheit.

Das Ergebnis sind glückliche und zufriedene Menschen, die durch ihr eigenes Glück und ihre Zufriedenheit die Welt für uns alle ein Stück verbessern werden.

DIE PSYCHOLOGIE DES GLÜCKS

Unsere Lebensbedingungen, Faktoren wie Wohlstand, gesellschaftlicher Status, Geschlecht, Intelligenz oder Alter entscheiden nicht maßgeblich über unser Glück.

Ausschlaggebend für unser Glück ist, wie gut wir in der Lage sind, uns an sich ändernde Lebensbedingungen und Probleme anzupassen. Es sind nicht die objektiven Lebensbedingungen, unter denen Menschen leben, die über glücklich sein oder unglücklich sein entscheiden.

Ob Menschen glücklich oder unglücklich sind, ist davon abhängig, wie die Menschen auf das Leben reagieren und welche Bedeutung sie dem beimessen, was sie erleben. Ein unbeschwertes und leichtes Leben macht nicht glücklich. Viel wichtiger ist, dass wir mit unerfreulichen und schwierigen Ereignissen umgehen können. Unsere Glaubenssätze und Lebenseinstellung beeinflussen, wie viele glückliche Momente wir erleben.

Wenn wir uns für Glückspilze halten, nehmen wir mehr glückliche Zufälle wahr, als wenn wir uns für Pechvögel halten. Selbsterfüllende Prophezeiung nennt man das in der Psychologie. Worauf wir uns gedanklich konzentrieren, das erleben und spüren wir. Menschen, die sich für Pechvögel halten, haben einen Tunnelblick.

Sie sind so auf das Negative und das Unerfreuliche fixiert, dass sie auch nur das Unerfreuliche wahrnehmen und das Erfreuliche ausblenden. Menschen, die sich hingegen für Glückspilze halten, sind darauf fixiert, das Positive zu sehen und nehmen deshalb die erfreulichen Dinge auch mehr wahr.

DER FOKUS-FAKTOR

Nehmen Sie sich einen Moment Zeit und stellen Sie sich die Frage: „Was möchte ich im Bezug auf mein Leben erreichen oder verändern?". Wenn es Ihnen wie den meisten Menschen geht, lautet Ihre Antwort:

„Ich möchte nicht mehr dick sein", „Ich will nicht mehr krank sein", „Ich will nicht mehr arm sein".

Ein grundlegendes psychologisches Prinzip besagt: „Worauf Sie Ihre Aufmerksamkeit richten, das manifestiert sich in Ihrem Leben." Wenn wir unsere Aufmerksamkeit auf Armut, Krankheit und Mangel fokussieren, werden wir diese negativen Dinge in unserem Leben verstärken.

Konzentrieren wir uns hingegen auf positive Dinge wie Wohlstand oder gute Gesundheit, mit denen wir bereits leben oder leben wollen, werden sich diese verstärken. Es ist von entscheidender Bedeutung, das Unterbewusstsein neu zu programmieren, damit wir ständig auf das ausgerichtet sind, was wir uns erschaffen wollen.

Halten Sie einen Augenblick inne, und denken Sie an etwas, das Ihnen ein Gefühl von Freude, Zufriedenheit und Bedeutung schenkt. Haben Sie gerade an einen Menschen gedacht, den Sie lieben? An eine Aktivität, die Sie gerne unternehmen? An einen wunderschönen Sonnenaufgang? An Ihre gute Gesundheit? Ihr Glück?

„Glück und einen Sinn im Leben ist schwer in uns selbst zu finden. Es ist jedoch unmöglich, sie woanders zu finden."

EIN GEDANKENEXPERIMENT

Halten Sie erneut einen kurzen Moment inne und machen Sie folgendes Gedankenexperiment.

Stellen Sie sich vor: Wie sähe Ihr Leben aus, wenn Sie eines Morgens aufwachten und ein Wunder geschehen wäre. Sie lebten genauso, wie Sie es sich immer erträumt haben.

Stellen Sie sich dieses Leben in allen Einzelheiten vor:

❖ Woran erkennen Sie, dass dieses Wunder geschehen ist?
❖ Was sehen, hören und fühlen Sie?
❖ Welche Veränderungen hat es für Sie in Ihrer Beziehung gegeben?
❖ In Ihrer Arbeit?
❖ In Ihrer Gesundheit?
❖ In Ihrer finanziellen Situation?

Wenn Sie Ihre Aufmerksamkeit auf das konzentrieren, was Sie wollen – ein erfülltes und glückliches Leben - geben Sie Ihrem Unterbewusstsein den Auftrag, alles Mögliche zu tun, um diesem Ziel näher zu kommen.

Indem Sie die Grundprinzipien, die ich Ihnen in diesem Buch vorstelle, annehmen und umsetzen, werden Sie all dies wahr werden lassen.

Alles, was Sie in den nächsten zehn Jahren erreichen, ist das Resultat dessen, was Sie heute denken. Wenn Sie weiterhin denken, was Sie immer gedacht haben, dann werden Sie nichts verändern. Wenn Sie weiterhin denken, was Sie immer gedacht haben, dann werden Sie auch weiterhin nur das bekommen, was Sie immer bekommen haben.

GLÜCKLICHSEIN IST EIN NATURZU-STAND

Natürlich können wir es dem Zufall überlassen, etwas zu erleben, das uns ein Glücksgefühl beschert …

Wir können dem Glück jedoch auch auf die Sprünge helfen, indem wir bewusst einige Prinzipien in unseren Alltag einbauen und so die Chance auf vermehrte Glücksmomente steigern.

Meines Erachtens ist Glück permanent da. Es ist nichts, wonach wir suchen müssen. Wir können diesen Zustand immer und zu jeder Zeit erleben. Wenn wir einige einfache und bestimmte Grundprinzipien in unserem Leben befolgen, werden wir die Glücksmomente in unserem Leben erhöhen. Suchen Sie nicht, erleben Sie den Moment.

Persönliches Wachstum beginnt mit täglichem Training. Wie eine neue Gewohnheit müssen wir positive Denk- und Verhaltensweisen immer wieder konditionieren, um sie nachhaltig in unser Leben zu integrieren – dann werden sie schon bald selbstverständlich und mühelos.

Das Streben nach Glück ist so alt wie die Menschheit.

Schon der römische Dichter und Staatsmann Seneca sagte im ersten Jahrhundert: *„Wir alle streben nach Glück und einem erfüllten Leben.".*

In der westlichen Welt wird sehr viel Zeit und Mühe darauf verwandt Dinge anzuhäufen, die angeblich glücklich machen – zum Beispiel neue Kleidung oder neue

Autos. Manchmal sorgen solche Anschaffungen tatsächlich für gute Gefühle, die allerdings nie lange anhalten.

Schon bald braucht man etwas Neues, um wieder glücklich zu sein. Man investiert also mehr Zeit, Mühe und Geld, um den nächsten Gegenstand zu kaufen.

Aber Glück ist mehr als das. Glücklichsein ist ein Naturzustand. Glücklichsein ist für den Menschen ein ganz natürlicher Zustand, ebenso wie Hunger, Zorn, Aufregung, Langeweile, Gleichgültigkeit und Wachsamkeit. Jeder von uns kann glücklich sein.

Glück ist die Art und Weise, auf die Ihr Geist und Ihr Körper Sie auf das hinweisen, was Ihnen Erfüllung bringt. Glück ist mehr als nur ein angenehmes Gefühl.

Sind Sie erst einmal auf einem Weg, der Sie glücklich macht, wird Sie dieser – vielleicht auf ganz unerwartete Weise – zu weiterem Glück führen. Die Fähigkeit glücklich zu sein, ist uns allen angeboren. Ganz gleich, wie glücklich oder unglücklich Sie im Augenblick sein mögen, Sie können Ihr Glücksempfinden (noch mehr) steigern.

GLÜCKLICHE KÖRPERHALTUNG

Geist und Körper sind unmittelbar miteinander verbunden. Wenn Sie die Muskeln in Ihrem Körper anspannen, werden auch Ihre Gedanken angespannter.

Entspannen Sie Ihre Gedanken, so entspannt sich Ihr Körper ebenfalls. In der Regel sind wir nicht besonders glücklich, wenn wir vornübergebeugt gehen, den Kopf gesenkt halten und die Schultern hängen lassen.

Nachfolgend eine einfache aber wirkungsvolle Übung: Lesen Sie die einzelnen Schritte bitte zuerst ganz durch, bevor Sie mit der Übung beginnen.

1. Stehen oder setzen Sie sich bequem hin. Stellen Sie sich dabei vor, dass sich ein silberner Faden vom Himmel senkt, der Sie sanft am Scheitel nach oben zieht. Stellen Sie sich weiter vor, dass dieser Faden Ihren Kopf aufrecht hält.

2. Nun lassen Sie die Schultern nach hinten unten sinken – spüren Sie, wie der Nacken den Rücken streckt, wie die sanfte, gerade, lange, gebogene Wirbelsäule Sie trägt und wie Ihr Körper auf den Schultern schwebt.

3. Lassen Sie die Schultern nun noch ein wenig tiefer sinken. Stellen Sie sich dabei vor, wie der Silberfaden Ihren Kopf hält, und lassen Sie Ihren ganzen Körper sich davon stabilisieren. Entspannen Sie sich mit jedem Atemzug ein wenig mehr, behalten Sie diese aufrechte Position bei, und verharren Sie mindestens eine Minute lang in dieser Haltung.

DER MENSCH –
SCHÖPFER
DER WIRKLICHKEIT

DER MENSCH

Der Mensch ist aufgefordert, einen guten Sinn, Wahrhaftigkeit, Gesundheit, Wohlergehen, Glück und Ergebenheit anzustreben.

Ein wahrhaftiger Mensch ist sich bewusst, dass er von den verschiedenen Einflüssen und dem Ziel, das er erreichen will, umgeben ist. Derjenige, der sich in viele Richtungen entwickelt, und die Herausforderungen des Lebens annimmt, wird zum Selbstentwickler seines eigenen Lebens.

Jeder Mensch hat das Bestreben nicht nur zu überleben, sondern sich auch weiter zu entwickeln, seinen Mitmenschen zu helfen, seine Umwelt und die Natur zu beschützen und daran zu wachsen.

Der Mensch ist ein göttliches und emotionales Wesen. Er ist ein Schöpfer, denn er erschafft ständig; durch Gedanken oder durch seine Taten.

Er beeinflusst bewusst oder unbewusst sein eigenes Leben und das seiner Mitmenschen. Dabei hat er alle Ressourcen in sich, um seine Ziele und jede Veränderung zu erreichen, die er sich wünscht.

Er kann immer und in jeder Situation, unabhängig von seiner Herkunft, seinem Geschlecht oder seinem Wissen, eine gute Tat vollbringen. Er ist ein Teil der Natur und des Universums. Das stetige Streben des Menschen nach dem rechten und guten Weg, ist das höchste Gut. Er bewegt sich Richtung Himmel und wächst mit jeder seiner Aufgaben.

Die drei Grundhaltungen des wahrhaftigen, glücklichen Menschen sind:

1. Gutes Reden
2. Gutes Denken
3. Gutes Handeln

Jeder Mensch, der sich diese drei Fähigkeiten aneignet, erlangt die Fähigkeit zu „fliegen" und somit den Himmel zu erreichen – in diesem Zustand angekommen, erlebt er das Glück in jedem Augenblick seines Lebens.

Es gibt allerdings drei negative Eigenschaften, die den göttlichen Menschen verletzbar und unglücklich machen. Es handelt sich hierbei um die genauen Gegenteile der positiven drei Grundhaltungen:

1. Schlechtes Reden
2. Schlechtes Denken
3. Schlechtes Handeln

Diese hinderlichen Eigenschaften sind eine Last für den Menschen. Es gilt sie zu überwinden, denn sie können den Menschen nach unten ziehen und ihn so daran hindern, sein Wesen voll zu entfalten und positiv schöpferisch tätig zu sein.

„Wir müssen uns mithilfe unseres Geistes emporheben...
Denn wer seinen Geist bezwungen hat,
dem ist er der beste Freund;
doch wem das nicht gelang,
dem wird sein Geist der größte Feind bleiben."

Bhagavan-Gita

DER GEIST DES MENSCHEN

Der Geist kann sowohl Gutes als auch Böses in sich tragen und der Mensch entscheidet sich für eine Sache. Es wird auch deutlich, dass man vom Guten zum Bösen und vom Bösen zum Guten wechseln kann und dabei die Entscheidung allein beim Menschen selbst liegt.

Die Seele des Menschen ist mit beiden Kräften verbunden und es liegt an ihm selbst, zu welcher Seite er sich hingezogen fühlt bzw. wie er sich entscheidet.

Nur er selbst trägt die Verantwortung darüber, welche Entscheidungen er trifft, welche Gedanken er denkt, welche Worte er spricht und welchen Handlungen er nachgeht. Denn er ist der Schöpfer seiner Gedanken, Handlungen und seines Lebens.

Der Mensch ist also für seine Taten selbst verantwortlich und nur er selbst kann sich dem Guten nähern oder sich von ihm abwenden. Das Leben ist ein ständiger Wechsel zwischen Gut und Böse. Und beide Kräfte sind permanent anwesend.

Es sei das Ziel eines jeden, sich vom Bösen abzuwenden und den rechten und guten Weg zu gehen, um Reife und Weisheit zu erlangen und sich damit seinem inneren ICH und seiner göttlichen Gabe zu nähern.

Die Aufgabe eines Menschen besteht darin, sich nicht nur beruflich oder finanziell zu entwickeln, sonder auch eine geistige, mentale und emotionale Reife zu erlangen.

DIE PRÄGEZEIT

Die ersten sieben Lebensjahre sind die wichtigsten. Bevor ein Kind sieben Jahre alt ist, weiß es noch nicht genug, um sich auf seine eigenen Überlegungen und sein eigenes Urteil zu verlassen, da seine verstandsmäßigen Fähigkeiten noch nicht voll entwickelt sind. Dazu gehört unter anderem die Fähigkeit, infrage zu stellen, zu urteilen, zu analysieren, zu kritisieren und sehr - wichtig zu vergleichen.

Deshalb glauben Kinder genauso an den Weihnachtsmann und an Elfen wie an Geometrie und Geld. Bis wir die Kontrolle über unser Bewusstsein übernehmen, stammen unsere Überzeugungen im Bezug auf die Welt und uns selbst von den kontinuierlichen Botschaften, die wir in den ersten Lebensjahren empfangen.

Als ich erkannte, dass es nichts zu erreichen gibt, fühlte ich mich befreit. An dem Tag an dem wir begreifen, dass wir bereits perfekt sind, werden wir erleuchtet sein und uns mit unserem inneren ICH verbinden.

Wir haben nur verlernt das so zu sehen, weil unser Umfeld (unsere Eltern, die Nachbarn, Freunde, Lehrer, Professoren und all die anderen, denen wir begegnet sind) immer das Gegenteil behauptet hat. Entweder war man zu klein, zu groß, zu dick, zu blond, zu männlich oder zu weiblich.

Alle Grundsteine für das zukünftige Leben, werden in diesen sieben Jahren gelegt. Später ergeben sich solche Möglichkeiten nicht mehr. Doch indem Sie sich entscheiden, entschlossen ein neues Leben zu führen, haben Sie eine gute Chance Ihr Leben so zu gestalten, wie Sie es sich wünschen.

IHRE GEDANKEN-PROGRAMMIERUNG SCHAFFT IHRE REALIÄT

Ihre Gedankenprogramme erschaffen Ihre Realität. Das eigentliche Problem besteht nun darin, dass einige dies nicht wissen. Wenn die Leute denken, sprechen, handeln und sich auf das konzentrieren, was sie nicht wollen, hält sie das von einem erfüllten Leben ab.

Die meisten Menschen verbringen ihre Zeit damit, darüber nachzudenken, was sie alles nicht wollen; sie wundern sich, warum es ihnen gesundheitlich nicht so gut geht, sie den falschen Job haben und ihnen so viel Unglück passiert. Ich bezeichne das als „Nicht wollen" Epidemie.

Sie können sich aus dieser Epidemie befreien, indem Sie an das denken und über das sprechen, was Sie wollen. Wenn wir nicht richtig mit unseren Wünschen und unserer Vorstellungskraft umgehen, entzieht sich das was wir wollen immer mehr unserer Kontrolle.

Wenn wir also nicht bewusst Schöpfer unserer Überzeugungen werden, übernehmen die Vergangenheit und die bisherigen Überzeugungen die Gestaltung unserer Zukunft.

Machen Sie sich einmal bewusst:

- *Was sind meine ungelösten Lebensthemen?*
- *Durch welche Glaubenssätze und Überzeugungen wird meine Realität bestimmt?*
- *Will ich das, was ich derzeit erfahre oder schöpfe, wirklich erleben?*

Überzeugungen erschaffen aber nicht nur Realität, sie schaffen Realität auch ab. Realität ist das Ergebnis unserer aktuell wirkenden Überzeugungen.

Das Erschaffen und Abschaffen von Realität besteht aus den immer gleichen, vier Schritten:

1. *Denken, Gedanke*
2. *Vorstellung, Einbildung*
3. *Glauben, Überzeugung*
4. *Erleben und damit löschen*

Die eigene Überzeugung filtert allerdings auch die eigene Wahrnehmung. Worauf es demnach ankommt ist, sich an die Bewusstseinsebene zu erinnern, auf der Sie der bewusste Schöpfer der Realität sind, die Sie gerade durch die bewusste Wahrnehmung Ihrer Überzeugungen erleben.

Die meisten Menschen legen sich einschränkende Überzeugungen zu und werden in ihrem Leben unflexibel. Je mehr fördernde Überzeugungen ich habe, desto freier bin ich auch in der Gestaltung meiner Zukunft.

ALLER WOHLSTAND HAT SEINEN URSPRUNG IM MENSCHLICHEN GEIST

Wir nehmen die Welt nur auf zwei grundlegende Arten wahr – auf die bewusste oder auf die unbewusste Weise. Ich nenne diese beiden Möglichkeiten „Bewusster Verstand" und „Unbewusster Verstand".

Neben dem bewussten und dem unbewussten Verstand gibt es noch einen ganz kleinen Teil in unserem Gehirn, der das angeborene Wissen und Verhalten darstellt.

Das sind Ihre Atmung, Ihr Herzschlag, alle Körperfunktionen wie Hunger, Durst und Sättigungsgefühl – einfach alles, mit dem ein gesundes Baby bereits funktionierend auf die Welt kommt.

Ihr bewusster Verstand ist zuständig für Ihr logisches Denken – er ist planend, vorauskalkulierend und analytisch. Er ist Ihre innere Stimme, welche Sie den ganzen Tag lang begleitet. Mit Ihrem bewussten Verstand denken Sie den ganzen Tag lang aktiv und willentlich.

Wahrscheinlich erfahren Sie dieses Bewusstsein als eine recht kontinuierliche innere Stimme, die Sie als Ihr „ICH" betrachten. Obgleich der bewusste Verstand ohne Zweifel von großem Nutzen ist, so ist er im Hinblick auf das, was er auf sich allein gestellt erreichen kann, doch extrem beschränkt.

Untersuchungen haben gezeigt, dass er sich immer nur auf ein paar Gedankeninhalte pro Zeiteinheit konzentrieren kann. Aus diesem Grund wird der überwiegende Teil unserer Lebensvorgänge automatisch von unserem unbewussten Verstand gesteuert.

Ihr unbewusster Verstand hat erheblich mehr Kapazität,
als der bewusste Verstand. Millionen von Botschaften
können von ihm in jeder Sekunde in Form von sensorischen Informationen verarbeitet werden. Hier sind alle
unsere Programme, Glaubenssätze, Erfahrungen und
Gedankenmuster manifestiert. Unsere Erinnerungen,
unsere Weisheiten sowie unser Wertesystem sind im
Unbewussten verankert.

Alle Programme unseres automatisierten Verhaltens,
die unser Leben bestimmen, sind hier gespeichert. Und
diese Programme, unser tiefster Glaube, beeinflussen
uns und den kraftvollsten Generator unseres Körpers –
unser Herz, das für ein erfülltes Leben verantwortlich
ist.

IHR UNBEWUSSTES STEUERT IHRE GEDAN-KEN, GEFÜHLE UND IHR VERHALTEN

Stellen Sie sich einmal vor, dass Ihr Gehirn wie ein
Computer funktioniert. Er steuert Ihr Verhalten, Ihre
Gefühle und Ihr Denken. Ganz automatisch werden die
Programme (die Software), abgerufen.

Alle Entscheidungen Ihres täglichen Lebens werden in
Ihrem Geist getroffen. Ob es das ist, was Sie wollen und
ob es Sie dorthin führt, wo Sie hin möchten, ist eine
andere Sache.

Alle Denkmuster und vor allem alle Verhaltensweisen
sind in unserem Gehirn gespeichert, sodass Sie völlig
automatisch immer wieder die gleichen Ergebnisse
erzielen. Sie können die Funktion Ihres unbewussten
Verstandes im Gehirn mit einem Autopilot vergleichen.

Er ermöglicht uns, mehrere Dinge gleichzeitig zu tun,
ohne dass wir uns dabei auf alle in gleichem Maße konzentrieren müssen. Dies ist nützlich, da dem bewussten

Verstand somit ermöglicht wird, währenddessen über andere Dinge nachzudenken.

Nehmen wir einmal das Autofahren. Es ist an sich schon ein sehr komplexer Vorgang. Sie müssen viele Tätigkeiten ausführen und Situationen erkennen. Sie müssen schalten, kuppeln, abbiegen, rechtzeitig bremsen und natürlich den Verkehr im Auge behalten.

Als Fahranfänger mussten Sie sich zunächst noch auf jede einzelne Tätigkeit ganz bewusst konzentrieren.

Aber, was passiert nach einiger Zeit? Ohne großartig darüber nachdenken zu müssen, erledigen Sie die Abläufe wie im Schlaf, da sie zu Gewohnheiten – und somit zu einem unbewussten Programm – geworden sind. Ihr Unbewusstes ermöglicht es Ihnen so, währenddessen an anderes zu denken.

Viele unserer Programme, die wir aus Kindheitstagen mit uns herumschleppen und die uns in verschiedensten Lebensbereichen behindern, aus welchem Grund auch immer, bestimmen heute im Erwachsenenalter immer noch unsere Gefühle und unser Verhalten.

Wir verbringen unnötig viel Zeit damit, uns Sorgen zu machen, dass wir nicht gut genug sind und kritisieren uns dafür, dass wir nicht die Leistung erbracht haben, die wir hätten erbringen müssen.

Wir denken ständig darüber nach, was wir schlecht gemacht haben, dass wir Dinge nicht erreicht haben, die wir hätten erreichen sollen. Immerzu machen wir uns über irgendetwas Sorgen.

DIE WURZEL BRINGT DIE FRÜCHTE HERVOR

Um das Sichtbare zu verändern, müssen Sie zuerst das Unsichtbare ändern! Stellen Sie sich einen Baum vor. Nehmen wir an, dieser Baum sei der Baum des Lebens. An seinen Zweigen hängen Früchte.

Im Leben werden unsere Früchte Ergebnisse genannt. So schauen wir uns also die Früchte (unsere Ergebnisse) an und wir mögen sie nicht. Die Ernte ist nicht zufriedenstellend, die Früchte sind zu klein oder sie schmecken nicht gut. Was machen wir daher für gewöhnlich? Die meisten von uns verwenden noch mehr Aufmerksamkeit und Konzentration auf die Früchte, unsere Ergebnisse.

Doch wo liegt denn eigentlich der Ursprung der Früchte? Es sind die Samen und die Wurzeln, die diese Früchte hervorbringen. Was unter der Erde ist, schafft das, was über der Erde ist. Das Unsichtbare schafft das Sichtbare.

Wenn Sie die Früchte Ihres Lebens verändern wollen, müssen Sie zuerst die Wurzeln ändern. Um das Sichtbare zu verändern, müssen Sie zunächst das Unsichtbare ändern. Meiner Meinung nach ist das, was wir in dieser Welt nicht sehen können, weitaus mächtiger als das, was wir sehen.

Sie mögen dieser Aussage zustimmen oder nicht, aber in dem Maße, in dem Sie dieses Prinzip nicht in Ihrem Leben umsetzen, werden Sie leiden. Warum?

Weil Sie sich den Naturgesetzen widersetzen, denen zufolge das, was unter der Erde ist, das erschafft, was über der Erde ist. Das Unsichtbare bringt das Sichtbare hervor.

Als menschliche Wesen sind wir Teil der Natur und stehen nicht über ihr. Wenn wir demzufolge in Übereinstimmung mit den Gesetzen der Natur leben und an unseren Wurzeln – unserer „inneren" Welt – arbeiten, dann verläuft unser Leben in Harmonie. Tun wir das nicht, wird es stürmisch. In jedem Wald, auf jedem Bauernhof, in jedem Obstgarten der Welt schafft das, was unter der Erde ist, das, was über der Erde ist.

Darum ist es nutzlos, Ihre Aufmerksamkeit den Früchten zu widmen, die Sie bereits angebaut haben. Sie haben keinen Einfluss mehr auf jene Früchte, die schon am Baum hängen. Sie haben aber durchaus die Möglichkeit, die Früchte von morgen zu verändern. Um das zu erreichen, müssen Sie jedoch die Erde umgraben und die Wurzeln stärken.

Wahrer Reichtum

Ein Mann machte mit seinem Sohn einen Ausflug aufs Land, um ihm ein wenig von der Welt zu zeigen und wie andere Leute leben. Der Vater hatte für sich und seinen Sohn zwei Übernachtungen arrangiert, um auf einem Bauernhof bei einer bescheidenden, kleinen Familie das einfache Landleben zu entdecken.

Es gab für den Sohn viel zu sehen und zu bestaunen. Wieder zurückkehrt, wollte der Vater von seinem Sohn wissen, wie es ihm gefallen hat und was ihn besonders beeindruckt hat. Der Sohn sagte: Die Bauern haben drei Hunde und wir nur einen, wir haben einen Swimmingpool und die Bauern haben einen großen See. Wir haben in unserem Garten Lampen und die Bauern haben den ganzen Sternenhimmel. Wir haben ein Grundstück bis zur Straße und die Bauern haben den ganzen Horizont. Und was hast Du daraus gelernt, fragte der Vater erstaunt seinen Sprössling. Der Sohn schaute seinen Vater an und sagte: "Es hat mir gezeigt wie arm wir sind."

BALANCE FÜR DAS INNERE GLEICHGEWICHT

BALANCE FÜR DAS INNERE GLEICHGEWICHT

Bringen Sie Ihren Körper und Ihre Seele in Balance:
Erst, wenn Körper und Seele in eine ruhige, gelassene
Stimmung versetzt werden, kann der Mensch mit
Klarheit bessere Lebensentscheidungen treffen, die ihn
glücklich machen. Mit dieser Balance-Übung wird Ihnen
eine Methode präsentiert, die es Ihnen ermöglicht,
Stress, Ärger, Nervosität, Überreizbarkeit, Anspannung
und Erregungszustände auf der Stelle zu mindern. Bitte
führen Sie diese Übung zwei Mal am Tag (morgens und
abends) durch.

Setzen Sie sich bequem hin, atmen Sie ganz normal ein
und aus und nehmen Sie dann folgende Stellung ein:

- *Beide Beine nach vorne ausstrecken*
- *Rechtes Bein über das linke Bein legen*
- *Linken Arm über den rechten Arm legen*
- *Handflächen zueinander drehen und Finger falten*
- *Die Arme in dieser Position zur Brust heranziehen*
- *Normal weiteratmen, Augen schließen*
- *Beim Einatmen, durch die Nase, die Zunge gegen oberen Gaumen drücken*
- *Beim Ausatmen, durch den Mund, die Zunge entspannen und an das Wort «Balance» denken*
- *Ca. 5-10 Minuten in dieser Position verharren und normal ein- und ausatmen*

Diese Übung können Sie auch im Liegen und mehrmals
am Tag ausführen. Sie lässt sich öfter am Tag anwenden,
um sich zu entspannen und die Körperpolaritäten aus-
zugleichen. Die Balance-Übung besänftigt Ihr Gemüt,
stabilisiert Ihre Nerven und synchronisiert Ihren Geist
und Ihre Emotionen mit Ihrem Körper.

DIE GRUNDPRINZIPIEN FÜR EIN BESSERES LEBEN

DIE GRUNDPRINZIPIEN FÜR EIN BESSERES LEBEN

1. Menschen sind einzigartig und erleben die Welt auf unterschiedliche Art und Weise

Menschen unterscheiden sich – jeder ist für sich

genommen einmalig. Allerdings neigen Menschen dazu, sich selbst als Maßstab zu sehen, von ihrer eigenen Welt auszugehen. Die Einzigartigkeit des anderen zu akzeptieren heißt, seinen Wert anzuerkennen, ihm und seiner Individualität Respekt entgegenzubringen.

Es gilt, Unterschiedlichkeit zuzulassen, zu würdigen und „Anderssein" nicht mit „besser" oder „schlechter" zu bewerten.

Zudem bedeutet es auch, dass jeder Mensch seine Umgebung anders aufnimmt und aus den vielen Reizen nach eigenen Kriterien auswählt. Das Resultat daraus sind individuelle Bilder, Prioritäten und Schlussfolgerungen, die respektvoll nebeneinander stehen können.

2. Geist, Körper und Umwelt bilden ein System, das sich wechselseitig beeinflusst

Unsere geistige Einstellung beeinflusst unser psychisches und physisches Wohlbefinden. Ebenso kann das, was wir tun, auch unser Denken verändern. Mein Verhalten wird sowohl von meinem Körper, als auch von meinem Geist beeinflusst. Kümmern Sie sich um beides, damit Sie sich rundum wohlfühlen.

Neueste Untersuchungen haben gezeigt, wie tiefgreifend diese Geist-Körper-Verbindung ist. Neuromitter sind Chemikalien, die Impulse entlang unserer Nerven übertragen. Sie sind das Mittel, über das Ihr Gehirn mit dem Rest Ihres Körpers kommuniziert.

Jeder Gedanke, den Sie denken, reicht über Neurotransmitter bis in die entfernteste, winzige Zelle Ihres Körpers. In weiteren Untersuchungen wurde herausgefunden, dass dieselben Neurotransmitter, die man im Gehirn vorfindet, auch von den inneren Organen gebildet werden können.

Die Vorstellung, dass Botschaften gradlinig entlang der Neuronen erzeugt und übertragen werden, ist also nicht mehr haltbar. Sie können genauso gut durch Ihre Organe erzeugt und übertragen werden.

Um diese Verbindung besser verstehen zu lernen und sie in Aktion zu beobachten, führen Sie folgende Schritte aus:

- ✓ Formen Sie mit dem Zeigefinger und dem Daumen der linken Hand einen Kreis.
- ✓ Verketten Sie nun den Zeigefinger und Daumen der rechten Hand mit dem ersten Kreis.
- ✓ Die Kreise greifen ineinander und lassen sich nur voneinander trennen, wenn man die Finger der einen oder der anderen Hand auseinander bewegt.
- ✓ Denken Sie an jemanden, den Sie gern mögen und ziehen Sie fest, um die Verbindung zu lösen.

Geht ziemlich schwer, nicht wahr?

- ✓ Denken Sie nun an jemanden, den Sie nicht leiden können und ziehen Sie fest, um die Verbindung zu lösen.

Geht das etwas leichter?

War es etwas leichter, die Kreise zu trennen, als Sie an jemanden dachten, den Sie nicht mögen? Wenn ein einfacher Gedanke den Druck, den Ihre Muskeln ausüben, beeinflussen kann, was glauben Sie, was mit Ihrem Körper passiert, wenn er ständig Stress ausgesetzt wird?

3. Der Mensch zeichnet sich nicht allein durch sein Verhalten aus

Das schlechte Benehmen eines Menschen macht ihn noch nicht zu einem schlechten Menschen. Es ist äußerst wichtig, das Verhalten und den Menschen zu trennen. Menschen können sich schlecht benehmen, weil sie nicht über die inneren Ressourcen oder die Fähigkeit verfügen, sich anders zu verhalten.

Vielleicht sehen sie sich selbst auch in einer Umgebung, die sie davon abhält, so gut zu sein, wie sie sein könnten. Hilft man einer Person, die Fähigkeit zu entwickeln oder in eine günstige Umgebung zu kommen, kann sich das Verhalten von ihr oftmals entscheidend verändern und sie zu neuen, hervorragenden Leistungen antreiben.

4. Menschen besitzen alle Ressourcen, die sie für Veränderungen brauchen

Jeder besitzt eine Vielzahl an Fähigkeiten und Ressourcen, die er nicht voll ausschöpft. Der Kern dieser sehr positiven Annahme liegt darin, dass jeder Mensch über das Potenzial verfügt, zu lernen und zu wachsen. Der wichtigste Punkt hierbei ist, dass man vielleicht nicht über alle benötigten Ressourcen verfügt, jedoch über die internen Ressourcen, die zur Aneignung neuer interner und externer Ressourcen erforderlich sind.

Wir haben bereits alle Ressourcen für jede gewünschte Veränderung in uns. Diese Annahme zeigt, dass jeder Mensch die Fähigkeit hat, seine Ziele wahr werden zu lassen. Auch wenn jemand derzeit noch nicht imstande dazu ist, kann er sich die nötigen Ressourcen aneignen, um sein Ziel zu realisieren.

Mit Ressourcen sind all die Fertigkeiten, Stärken und Talente gemeint, die wir in uns tragen. Oft müssen sie nur neu strukturiert oder wiederentdeckt werden. Wir alle haben die Fähigkeit, uns diese Ressourcen leicht (wieder-) zu beschaffen.

So kann ein Mensch, der sich unsicher dabei fühlt vor seinen Arbeitskollegen einen Vortrag zu halten, sehr wohl über die Fähigkeit des lockeren, sympathischen Vortragens verfügen (vielleicht vor Freunden im Freundeskreis), aber auf der Arbeit hat er keinen Zugang zu dieser Ressource. Mit diesen Grundannahmen kann, mit einfachen Mitteln, eben jener Zugang geschaffen werden, so dass dieser Mensch lernen kann, im Kreise der Arbeitskollegen, mit der gleichen Leichtigkeit sprechen zu können, wie vor seinen Freunden.

5. Die Landkarte ist nicht das Gebiet

Diese Annahme zeigt, dass nicht alles, was wir als Tatsache empfinden wirklich der Realität entsprechen muss. Jeder Mensch hat eine eigene Landkarte, die durch seine Erfahrungen und Erlebnisse entsteht. Diese Landkarte ist jedoch nur eine Skizze oder ein Modell der Wirklichkeit, die nur seiner eigenen Realität entspricht.

Jeder Mensch hat bestimmte Wahrnehmungsfilter (Einstellungen, Werte, Interessen, Annahmen, Erfahrungen, Kultur, Sprache), die ihm helfen, sich in einer Welt mit vielen sensorischen Eindrücken zurechtzufinden und dementsprechend zu handeln.

Jeder Mensch hat demzufolge ein eigenes, subjektives Bild von der Welt – seine persönliche Landkarte. Für die Kommunikation mit anderen bedeutet dies, dass ich nicht von meiner Landkarte ausgehen darf.

Z.B. haben Wörter wie Führung, Kommunikation, Liebe, Frieden, Freiheit, Gerechtigkeit, Kampf, Wut, Streit, Konflikt, Angst, Ruhe, Zufriedenheit oder Harmonie für jeden eine unterschiedliche Bedeutung.

Für die Kommunikation bedeutet das, dass ich die Landkarte des anderen zunächst kennen lernen und respektieren muss. Für mich selbst und in der Kommunikation mit anderen geht es darum, neue Möglichkeiten für die Wahrnehmung der Welt – der Gebiete – zu entdecken und neue Handlungsmöglichkeiten zu erlangen.

Die Landkarten und Filter verändern sich und können damit auch die persönliche Sichtweise ändern.

5. Menschen orientieren sich an geistigen Landkarten

Die interne Landkarte, die Sie von der externen Welt anlegen und die durch Ihre Wahrnehmung gestaltet wird, ist nie ein exaktes Abbild.

Es kann also, das draußen in der Welt, nie das Gleiche sein wie das, was in Ihrem Gehirn abgespeichert ist. In geistigen Landkarten und Modellen werden die Sinneseindrücke gespeichert.

Sie sind nicht die reale Welt, ermöglichen aber, sich darin zurechtzufinden. Jeder verfügt über andere geistige Landkarten, die nicht besser oder schlechter sind als die anderer Personen. Menschen haben z.B. sogenannte Wahrnehmungspräferenzen, das heißt, sie benutzen ihre Sinnesorgane und bewerten die Reize verschieden.

Diese Unterschiede sind oft der Grund für Konflikte und Missverständnisse. Der erste Schritt zur Verständigung und zur erfolgreichen Kommunikation ist die Landkarte des Gegenübers kennenzulernen und zu verstehen.

Verschiedene Landkarten zeigen sich in der Sprache: Wörter werden unterschiedlich benutzt bzw. mit anderen Inhalten verknüpft.

Die Brauchbarkeit geistiger Landkarten richtet sich danach, für welchen Zweck sie benutzt werden. Menschen richten bewusst oder unbewusst ihr individuelles Handeln nach diesen Landkarten aus. Sie können die Realität nicht verändern, wohl aber ihr geistiges Abbild: Maßstäbe, Bewertungen, der Einsatz verschiedener Karten für verschiedene Ziele.

Gelingt es dem Anwender, hier zu variieren, steigt der Nutzen der Karten. Das Potenzial der Landkarten steckt in den nicht genutzten, individuellen Wahlmöglichkeiten.

7. Menschen reagieren gemäß ihrer Landkarte

Wie alle anderen Menschen auch, reagieren Sie gemäß der Landkarte der Welt, die Sie in Ihrem Kopf haben.

Die Landkarte basiert darauf, was Sie über sich selbst und andere denken sowie auf Ihren Werten und Überzeugungen, Ihren Einstellungen und Ihrem kulturellen Hintergrund.

Manchmal ist die Landkarte, nach der eine andere Person funktioniert, für Sie nicht verständlich. Ein wenig Verständnis und Toleranz kann jedoch dazu beitragen, Ihr Leben zu bereichern.

8. Jedes Verhalten ist Kommunikation

Jedes Verhalten enthält Botschaften an das Gegenüber – gleichgültig, ob es sich um sichtbare Bewegungen, Gesprochenes, Körperhaltungen oder um „Nicht Verhalten" wie z. B. Schweigen handelt. Die Handlungsweise einer Person ist der einzige sichtbare, hörbare und erlebbare Hinweis auf die neurologischen, innerlich ablaufenden Verarbeitungsprozesse.

Fähigkeiten und Werte eines Menschen sind nicht direkt wahrnehmbar, sondern nur durch seine spezifischen Handlungen erkennbar und erfahrbar. Alles andere ist Vermutung, Wertung und Interpretation.

Jedes Verhalten ist also Kommunikation. Auch Schweigen. Nonverbales Verhalten beeinflusst die Wirkung einer Botschaft.

9. Wahrnehmung durch Ihren persönlichen Filter

Ihre Sinne bombardieren Sie mit zwei Millionen Informationen pro Sekunde, ihr Bewusstsein kann jedoch nur zwischen fünf und neun Informationen zur gleichen Zeit verarbeiten. Eine Unmenge an Informationen wird also ausgefiltert.

Dieser Filterungsprozess wird durch Ihre Werte und Überzeugungen, Erinnerungen, Entscheidungen, Erfahrungen und Ihren kulturellen und sozialen Hintergrund beeinflusst, sodass nur durchkommt, wofür Ihre Filter empfangsbereit sind. Durch diesen Filterungsprozess hat jeder Mensch eine andere Wahrnehmung der Realität. So wie zwei Gehirne nicht gleich sind, teilen auch niemals zwei Menschen dieselbe Realität.

10. Menschen treffen die beste Wahl aus dem, was ihnen momentan zur Verfügung steht

Jeder Mensch hat seinen persönlichen Lebensweg. Dabei hat er gelernt, was er tun kann und wie er aktuell bestmöglich vorgeht. Das, was den größten Nutzen stiftet, kommt zur Anwendung. Bewertet der Mensch den Nutzen als nicht ausreichend oder stößt er auf Probleme, muss er neue, bessere und für die Aufgabe geeignetere Handlungsalternativen erarbeiten.

11. Die Bedeutung der Kommunikation ergibt sich aus der Reaktion, die sie hervorruft

Hier geht es um eine entscheidende Frage, nämlich: Wer ist der Verursacher gut gelungener oder schlechter Kommunikation – der Sender einer Nachricht oder derjenige, der diese aufnimmt?

„Das hast Du falsch verstanden" und „Ich habe mich ungenau ausgedrückt" spiegeln als Aussagen die beiden gegensätzlichen Pole wieder.

Treten in der Kommunikation z. B. unerwünschte Reaktionen auf, bringt es wenig, dem Empfänger die Schuld zuzuweisen.

Vielmehr muss der Sender Aussagen und Formulierungen so übermitteln, dass der Adressat sie in seinem Sinne versteht. Unabhängig davon, wie ehrbar die Absichten Ihrer Kommunikation sind, liegt der Erfolg Ihrer Interaktion darin, wie die Botschaft vom Zuhörer empfangen wird, und nicht darin, was Sie beabsichtigt haben.

Mit anderen Worten: *„Die Bedeutung der Kommunikation ist die Reaktion, die Sie hervorbringen“*.

Das ist wiederum eine sehr wirkungsvolle Grundannahme über Kommunikation. Die Last der Verantwortung, die Botschaft zu übermitteln, wird dadurch ganz auf Ihre Seite verschoben.

Sobald Sie diese Grundannahme anwenden, können Sie andere Personen nicht mehr für irgendwelche Missverständnisse verantwortlich machen.

Falls die Reaktion, die Sie erhalten, nicht so ist, wie Sie es erwartet haben, werden Sie Ihre Sinne einzusetzen wissen, um festzustellen, dass die andere Person das Wesentliche nicht versteht. Außerdem besitzen Sie die Flexibilität, durch Ihr Verhalten und Ihre Formulierungen die Dinge anders zu gestalten.

12. Wenn das, was Sie tun, nicht funktioniert, so tun Sie etwas anderes

„Wenn eine Ratte in einem Gang nichts mehr zu fressen findet, sucht sie woanders.“

Menschen leben häufig von „Hoffnung“, oder beziehen sich auf ihr „Recht“, ohne sich um Weiterentwicklung und Neuausrichtung zu kümmern.

Wir haben verlernt, unsere Vorgehensweisen so lange zu variieren, bis wir unser gewünschtes Ergebnis erzielen. Je mehr Möglichkeiten wir ausprobieren, umso mehr Alternativen entwickeln wir, die wir dann später für andere Fragestellungen zur Verfügung haben.

Wir lernen schneller.

Diese Grundannahme gilt natürlich nur dann, wenn jemand Wahlmöglichkeiten hat. Viele Menschen wenden

bei Problemen weiter ihr bisheriges Verhalten an und
verstärken es sogar, sie werden z. B. in einem Gespräch
noch lauter, wenn Verständnisschwierigkeiten bestehen.

Meist bringt ein solches Vorgehen wenig. Flexibilität –
also etwas ganz anderes tun – erzielt häufig die Lösung.
Die persönliche Entwicklungschance liegt darin, eben
jene zusätzlichen Spielräume zu schaffen.

Diese Sichtweise führt aus dem Schuldprinzip heraus:
Nicht der andere ist schuld an meiner Situation.

Ich erwarte nicht, dass sich meine Umwelt ändert, damit
etwas Positives geschieht. Ich übernehme selbst die
Verantwortung und verändere mein Verhalten.

Es ist einfach und dennoch verändert man häufig sein
Verhalten nicht. Letztendlich ist es doch viel einfacher,
mit dem Wunsch durchs Leben zu gehen, dass sich die
anderen ändern müssen.

Nicht jeder verfügt über Ihre inneren Kraftquellen und
die Tatsache, dass Sie dieses Buch lesen, bedeutet, dass
Sie Initiative zeigen, um Veränderungen in Ihrem Leben
zu bewirken. Deshalb ist meine Anregung an Sie, dass es
wohl weitaus weniger Energieaufwand bedeutet, sich
selbst zu entwickeln, als jemand anderen zu verändern.

Wenn Sie diese Grundannahmen akzeptieren, werden
Sie erkennen, dass es sinnvoller ist, seine Taktik zu ändern, als mit dem Kopf durch die Wand zu wollen oder
seine Zeit mit Klagen über sein Unglück zu vertrödeln.

Falls wir weiter so vorgehen wie bisher, werden wir
auch nur die Dinge erreichen, die wir bisher erreicht
haben. Ändern wir jedoch unser Verhalten, so ändern
wir auch unsere Zukunft.

13. Wenn das, was Sie tun, funktioniert, so tun Sie etwas anderes

Sie haben richtig gelesen. Auch wenn Sie mit einer Vorgehensweise immer Erfolg haben, probieren Sie auch mal etwas anderes aus. Damit erhalten Sie sich Ihre Flexibilität.

Probieren Sie Neues vor allem in unwichtigen Situationen aus. Damit erhalten Sie mit der Zeit ein Repertoire an Möglichkeiten für die Situationen, in denen es wirklich schwierig wird.

14. Die Bedeutung Ihrer Kommunikation zeigt sich in der Reaktion, die Sie hervorrufen

Die Verantwortung für die Kommunikation liegt bei Ihnen, bei dem Urheber. Wenn der andere etwas nicht versteht, so liegt der „Fehler" bei Ihnen. Variieren Sie so lange, bis Sie die Antwort oder das Ergebnis erhalten, das Sie sich wünschen.

Es kommt nicht darauf an, was Sie gemeint haben, sondern darauf, was der andere verstanden hat. Es könnte sein, dass Sie in der Kommunikation von Ihrer Landkarte ausgehen, die der andere nicht kennen kann.

15. Es gibt keine Fehler, sondern nur Resultate

Wenn Sie nicht das Ergebnis erzielen, was Sie sich wünschen, können Sie das als Rückmeldung nutzen, um etwas Neues zu lernen. Auf dem Weg dahin, werden Sie viele Resultate produzieren und daraus lernen.

16. Es gibt keine Fehler, sondern nur Feedback

Sofern man Fehler auch als Feedback sieht, lebt man lösungsorientiert und nicht problemorientiert. So bleibt man auch bei Niederlagen effizient und positiv. Lernen Sie aus Ihren Fehlern und verändern Sie Ihr Leben ins Positive.

17. Es gibt in jeder Situation immer mindestens drei unterschiedliche Möglichkeiten, ein ganz bestimmtes Ziel zu erreichen

Wie alle bisherigen Sätze ist dieser Satz weder wahr noch falsch. Sicher kennt jeder Situationen, in denen man glaubt, nur eine Alternative zu haben. In diesen Situationen ist es wichtig, davon überzeugt zu sein, dass es mindestens drei Alternativen gibt.

Wenn man vor einem Problem steht, gibt es immer mehrere Möglichkeiten es zu lösen. Sind Sie im ersten Moment hilflos, so machen Sie sich bewusst, dass es immer einen Ausweg gibt.

Zwei Alternativen haben den Nachteil, dass man im Nachhinein oft bereut, nicht den anderen Weg gewählt zu haben. Die Ausweitung auf drei Alternativen vergrößert den Entscheidungsspielraum und hilft aus der Klemme. Oft eröffnet gerade die dritte Alternative weitere Möglichkeiten.

18. Hinter jedem Verhalten steckt eine positive Absicht

Hinter jeder Handlung steckt die Absicht, aus einer Situation einen persönlichen Nutzen oder Gewinn zu erzielen. Vielleicht ist die Verhaltensweise aber sozial nicht angemessen oder in einem bestimmten Kontext unpassend.

Menschen machen Fehler oder verhalten sich „böse". Dieses ist jedoch unabhängig von ihrer eigenen positiven Absicht bezüglich ihres Handelns.

Die positive Absicht, die ein bestimmtes Verhalten erzielen soll, bleibt unabhängig von der Beurteilung durch andere. Das Herausfinden einer positiven Absicht hinter einem unangemessenen Verhalten hilft, Verhaltensalternativen zu finden. Selbstmitleid (Verhalten) kann beispielsweise die Absicht haben, Aufmerksamkeit erhalten zu wollen.

Wird dieses benennbar und erkannt, können alternative Möglichkeiten gefunden werden, diese Aufmerksamkeit zu bekommen. Ein weiteres Beispiel kann das Verhalten „immer tun, was andere sagen", die Absicht offenbaren, sich sicher und geschützt zu fühlen. Wenn dies bewusst wird, kann nach effektiveren Möglichkeiten gesucht werden.

Die Ressourcen liegen in jedem Menschen – jeder trägt bereits alles, was er braucht, in sich selbst.

NEUE WEGE ZUM GLÜCKLICHSEIN

NEUE WEGE ZUM GLÜCKLICHSEIN

Geld, Konsum und Konsumgüter machen auf Dauer nicht glücklich.

Viele von uns träumen von einem großen Lottogewinn, weil sie glauben, ein großer Batzen Geld mache sie glücklich. Dem ist auch so – jedoch nur für kurze Zeit. Untersuchungen an Lottomillionären zeigen, dass das Glücksgefühl maximal ein halbes Jahr anhält.

Ja, bei vielen kommt es dann zu einem richtigen Glückskater, d.h. das Wohlbefinden sinkt unterhalb des Pegels von vor dem Lottogewinn.

Würde Geld glücklich machen, dann müssten Menschen wie Robbie Williams überglücklich sein. Aber was lesen wir? Er ist immer mal wieder wegen einer Depression in einer Klinik und nimmt Medikamente. Geld und Ruhm machen also per se nicht glücklich.

Abgesehen davon: Glück kann man sich nicht durch Konsum erkaufen. Es ist ein Irrglaube, dass man nur über genügend finanzielle Mittel verfügen müsste, um sich alles kaufen zu können, was man möchte und dann wäre man für immer glücklich.

„Glück hängt nicht von der Erfüllung unserer materiellen Wünsche ab."

Die Gleichung Konsum = Glück geht nicht auf, ganz abgesehen davon, dass wir durch diese Gleichung unser Glück von der Erfüllung unserer materiellen Wünsche abhängig machen, so vom Konsum abhängig werden und total unzufrieden und frustriert sind, wenn wir uns dieses oder jenes nicht leisten können.

Und es gibt immer etwas, das man sich nicht leisten oder mit Geld nicht kaufen kann – egal, wie reich man ist.

Statt immer mehr anzuhäufen, lautet die Devise eher: Simplify your life. Entrümpeln Sie Ihr Leben vom Überfluss und von Überflüssigem. Das kurzfristige Kaufglück bereichert das Leben auf Dauer nicht. Finden Sie sich und Sie finden Ihr Glück.

GRUNDGEDANKE

Warum sollen wir uns als Mensch verändern, wenn wir schon perfekt sind?

Irregeführt ist, wer glaubt, dass er als Mensch unvollständig sei und er sich deshalb als Mensch verändern müsse. Wer sich als Mensch verändern will, lehnt sich im Ganzen ab. So als wäre er nicht richtig und genau deshalb müsste er sich ständig verändern.

Mit dem richtigen Menschenbild beginnen wir uns als das anzunehmen, was wir tatsächlich sind: Ein emotionales und spirituelles Lebewesen, das alle Potenziale in sich trägt, um ein großartiges und erfülltes Leben zu führen und ein großartiger Mensch zu sein.

Nicht wir als Mensch sind falsch und funktionieren nicht richtig, sondern das Problem sind die falsche Programmierung, die Glaubensätze, die uns suggeriert wurden („Du bist wie dein Vater/etc." oder „Du kannst dies und jenes nicht").

Wenn man uns allerdings stattdessen, die Herausforderungen des Lebens gezeigt und den richtigen Umgang mit ihnen beigebracht hätte, dann würden wir viel mehr im Stande sein mit Herausforderungen umzugehen und an ihnen zu wachsen.

Denn die Natur, die Bäume, die Gräser, die Tiere usw. wollen ja auch nicht etwas anderes sein, als das was sie sind. Sie lernen flexibel zu bleiben und lernen sich der Welt und der Umgebung anzupassen.

Wir Menschen können mehr. Wir könnten uns nicht nur anpassen und flexibel bleiben, sondern könnten auch unsere Umgebung, unser Umfeld und die Realität erschaffen – denn wir sind Schöpfer der Realität.

Der Mensch braucht keine Veränderung, aber Veränderung im Sinne von Wachstum.

Wer beginnt sich selbst zu lieben und versteht, dass er Teil der Natur ist und genau deshalb ein wunderbares und liebenswertes Lebewesen ist, beginnt Glück und Freude zu empfinden.

In erster Linie sind Sie wunderbar und Sie sind so – wie Sie sind – genau richtig. Lehnen Sie sich nicht ab. Allerdings bleiben Sie in Bewegung, seien Sie dynamisch und entwickeln Sie sich weiter.

Sie haben alle Ressourcen in sich, um das zu schaffen, was Sie wollen. Sie müssen nicht zu jemand anderem werden. Sie sind, wer Sie sind und das ist perfekt.

Ich glaube, das ist die Botschaft, die man jedem Mensch vermitteln muss, anstelle der Aufforderung: „Verändere dich, weil du nicht gut genug bist.".

Das haben wir in unserem Kindesalter schon zu häufig gehört und brauchen es im Erwachsenenalter nicht mehr. Wenn wir begreifen, dass wir richtig sind, dann müssen wir uns nicht verändern, sondern wir beginnen zu wachsen und erschaffen (positive) Dinge.

Wir haben bestimmt einige unerwünschte Gewohnheiten, Verhaltensweisen oder Denkmuster (Glaubenssätze und Co.), aber wir sind doch deshalb nicht schlecht, sodass wir uns verändern müssten. Entwickeln schon, wachsen ja, in Bewegung bleiben und Dinge erschaffen, ja bitte.

Also, welche Entscheidung möchten Sie treffen? Sich ständig verändern (Schadensbekämpfung betreiben), weil Sie mit irgendetwas nicht zufrieden sind?

Oder beginnen Sie, sich zu lieben und Ihre positiven Absichten, die hinter Ihrem Verhalten stecken, zu verstehen und daraus zu lernen? Lernen Sie daraus, denken Sie dynamisch und wachsen Sie, und Sie werden großartig. Wie der Baum in der Natur, der dynamisch ist und sich allen Witterungen anpasst, weil er wachsen will.

ERGÄNZENDE WORTE

Nicht jedem ist es gegeben, in sich hinein zu horchen und kritisch und analytisch mit sich selbst und seiner jeweiligen Umwelt, zu jeder beliebigen Zeit umzugehen, und sich dabei auch zu erkennen. Dies liegt daran, dass die einfachsten, alltäglichen Bewegungen und Abläufe automatisch, unterbewusst abgewickelt werden.

Achten wir doch einfach einmal mehr bewusst auf uns und halten uns an ganz einfache Vorgaben der Hege und Pflege des Kostbarsten, was wir haben – uns selbst und unsere Welt! Denn wir selbst sind das größte Wunder der Natur.

ACHTEN SIE AUF SICH & IHREN KÖRPER

Sorgen Sie dafür, dass Sie gesund bleiben...

Sorgen wir für unser „Aggregat" Körper, indem wir für ausreichend „Treibstoff" Energie – als auch für „Wartung" die Verantwortung übernehmen.

Was uns für unsere geschätzten Autos gut genug ist, um sie für lange Zeit am Laufen zu halten, sollte erst recht für den eigenen Körper gelten. Mit anderen Worten, sich gesund zu ernähren, um gesund zu bleiben.

Es gilt zunächst, die Essgewohnheiten zu steuern. Das zuzulassen, was der Körper verlangt und wirklich braucht.

Ohne genügend angemessenen Treibstoff bleibt unser Aggregat auf halber Strecke liegen und trägt uns nicht mehr. Deshalb ist es entscheidend wichtig, dass Sie bei der Nahrungsaufnahme nur auf Ihren Körper hören und auf natürliche und frische Lebensmittel zurückgreifen.

Menschen, die sich nicht intuitiv ernähren und aus emotionalen Gründen essen, belasten nicht nur sich selbst, sondern auch die Menschen in ihrem Umfeld. Sie haben oft wenig Energie. Sie sind manchmal schlecht gelaunt. Sie werden leichter krank.

Man braucht keine ausgefallenen Diäten einzuhalten, um sich vernünftig zu ernähren, aber man muss regelmäßig nahrhafte Mahlzeiten zu sich nehmen. Achten Sie dabei darauf, dass Sie nur so viel Nahrung aufnehmen wie Ihr Körper braucht.

❖ Essen Sie, wenn Sie Hunger haben und hören Sie zu essen auf, sobald Sie sich körperlich satt fühlen.

HALTEN SIE IHREN KÖRPER FIT & SAUBER

Genauso wichtig ist es, das Chassis zu umsorgen. Wenn wir einen Tag hinter uns haben, an dem wir in einem „unwegsamen Gelände" unterwegs gewesen sind, egal ob geistig oder körperlich, ist es von Bedeutung, die Spuren des Tages zu beseitigen, zu verarbeiten, sprich sich zu säubern, sich neu zu sortieren und aufzustellen, um für die nächste Tour uneingeschränkt bereit zu sein.

Für den Menschen bedeutet das, der Hygiene genügend Aufmerksamkeit zu schenken.

Jede Dusch, jedes Bad das wir nehmen, gibt uns viel Kraft zurück.

Der Körper entspannt sich dabei, und nimmt zudem über das größte Organ des Körpers, die Haut, reichlich notwendiges Wasser auf, ergänzend zur täglichen oralen Trinkversorgung.

HALTEN SIE IHRE ZÄHNE GESUND

Mit dem Thema „Oral" haben wir bereits ein weiteres, bedeutsames Stichwort auf dem Papier – ist es uns gelungen den Außenbereich (die Hülle) zu restaurieren, so kommen wir, auf dem Weg in unser „Innenleben", unweigerlich über den Weg des Mundraumes, in uns hinein.

Egal ob es der Austausch von Sauerstoff in Form von Atmung, das elementare Gebiet der Lautbildung zur sprachlichen Verständigung oder die mindestens genauso essentielle Aufnahme der Nahrung und Flüssigkeit ist. Auch der Mund verdient es, von uns Beachtung geschenkt zu bekommen. Die Rede soll in erster Linie von den Zähnen sein.

Ohne regelmäßigen Bedacht sowie Pflege, kommt es auch hier zu nicht so angenehmen Unpässlichkeiten.

Die Gefahr ist groß, dass sich Entzündungsherde bilden. Der Schmerz, den kaputte Zähne verursachen, muss nicht weiter beschrieben werden, um deutlich zu machen, wie wichtig die Wartung auch dieses sensiblen Bereichs ist.

Eine kleine Entzündung kann bereits für erstaunlich viel Unruhe im großen Gefüge des menschlichen Körpers verantwortlich sein. Bekanntlich erwiesen kann sie zu schweren Erkrankungen und Ausfällen im gesamten System führen.

Was wir unseren Kindern in jungen Jahren so spielerisch beibringen, ihnen mit Leichtigkeit und Albereien den Sinn der regelmäßigen Vor- & Fürsorge vermitteln, lässt im Alter leider oftmals nach. Wir werden gleichgültig, und streichen den Punkt von der „To-Do-Liste". Verringern damit aber auch gleichsam ein Stück Lebensqualität, ohne es böswillig zu beabsichtigen.

Der Tag war zu anstrengend, der Mensch zeigt sich erschöpft, und gibt sich diesem Gefühl träge hin – er zieht es vor, lieber nicht geputzt und gesäubert schlafen zu gehen. Bei regelmäßigem Vorkommen ist die Konsequenz dadurch klar vorprogrammiert. Regen Sie andere deshalb an, ihre Zähne instand zu halten.

SCHLAFEN SIE GENUG UND
ERHOLEN SIE SICH

Da wir schon einmal beim Punkt Regeneration (Schlaf)
angekommen sind, sollte sinnvollerweise auch dieser
Tagesabschnitt beleuchtet werden. Das Licht löschen,
und Ruhe einkehren lassen, so heißt es.

Entziehen wir dem Körper diese wichtige Funktion,
kommt es auch dadurch an dieser Stelle zu Unregelmä-
ßigkeiten in uns selbst.

Wir werden unkonzentriert, sind vermindert belastbar,
nicht mehr leistungsfähig. Nehmen die Dinge nicht mehr
ausreichend aufmerksam wahr.

Ja, es kann sogar zu Halluzinationen kommen. Es ist
sehr wichtig, den einzelnen Mechanismen die Möglichkeit zu geben, ihre verbrauchten Ressourcen zu erneu-
ern. Das Erlebte zu verarbeiten, um sich auch hier neu
aufstellen zu können.

Es ist sicher kein Geheimnis, dass sich das Militär den
Schlafentzug zu Nutze macht, um einen vermeintlichen
Gegner zum Reden zu bringen. Also, tun Sie sich das
nicht an, gönnen Sie sich ausgiebig Ruhe und schlafen
Sie, so gut und viel wie möglich.

Ein neuer Tag fordert Ihre gesamte, uneingeschränkte
Aufmerksamkeit.

ACHTEN SIE AUF IHRE SAUBERE KLEIDUNG

Noch einmal zurück zur Reinlichkeit. Sind die äußere Hülle und das Tor zum Innenleben (der Mund mit den Zähnen) soweit in Schuss, müssen wir uns genauso sorgfältig um unsere nähere Umgebung kümmern.

Manchen Menschen – da sie sich ja nicht den ganzen Tag lang selbst ansehen müssen – kommt es nicht in den Sinn, dass sie für andere zum Bild gehören. Und manche sind sich nicht klar darüber, dass sie von anderen nach ihrer äußeren Erscheinung beurteilt werden.

Nehmen wir als erstes die uns schützende, im Idealfall uns auch gut aussehen lassende Bekleidung. Haben wir sie eine Weile lang getragen, haben sich Staub, Schweiß und Straßendreck in und auf ihr gesammelt. Es haben sich Flecken gebildet. Gegebenenfalls wird sie etwas muffeln.

Höchste Zeit, in dem Moment den Wechsel vorzunehmen. Der Mensch fühlt sich in frischer Kleidung gleich viel wohler, geht ganz anders auf seine Mitmenschen zu, und diese werden es ihm danken. Und erst die alten, angesammelten Bakterien …gesund geht also anders.

Ermuntern Sie Ihre Mitmenschen, gut auszusehen, indem Sie ihnen Komplimente machen oder indem Sie ihnen sogar vorsichtig bei ihren Problemen helfen, wenn sie nicht gut aussehen. Es könnte auch ihre Selbstachtung und ihre Verantwortungsgefühl stärken.

ACHTEN SIE AUF IHRE UMGEBUNG

Nehmen wir nun als Nächstes unser weiteres Umfeld, die Wohnung, das Büro, den Arbeitsplatz vor. Auch hier heißt es darauf zu achten, dass uns alles intakt, gesäubert empfängt und umgibt.

Ich denke ein paar Jahre zurück, und bin in der ersten eigenen Wohnung gelandet – die „Studentenbude". Aus Kostengründen meist mit guten Freunden oder Bekannten geteilt. Genauso wie die „Pflichten" für den gemeinsamen Haushalt. Die Bemühungen, um ein geordnetes Wohnklima, waren stets bemerkenswert und dennoch oftmals unzulänglich.

Der Blick in einen, beim letzten (oft Tage zurück liegenden) Kollektivmahl genutzten, auserkorenen Kochtopf – mit geschickt aus der Konservendose gehoben und drapierten Ravioli – spricht Bände.

Nun kamen einem nicht gleich ganze Tiraden beim Heben des Deckels entgegen – doch ein lebendiges biologisches Treiben – das Eigenleben ward allemal unübersehbar. Der Schimmelpilz hatte sich breit gemacht, ein in einem vernünftig geführten Haus, nicht gerade willkommener Gast. Über die schädlichen Folgen seiner Präsenz müssen wir nicht diskutieren.

Welchen gesundheitlichen Folgen man sich einst dabei aussetzte, war einem nicht bewusst. Heute weiß man mehr. Allein in nahezu jeder, der allerseits so beliebten Kochshows, wird eindringlich auf eine angemessene Hygiene, als Grundvoraussetzung für eine Salmonellen arme, im Idealfall freie, gesunde Küche hingewiesen.

Menschen, die nicht in der Lage sind, ihren Besitz und ihr näheres Umfeld sauber und in Ordnung zu halten, betrachten ihr Eigentum nicht wirklich als ihres.

Meist fühlen sie sich dort auch nicht zu Hause. Solchen Besitztümern wie Wohnungen, Fahrzeugen oder auch Arbeitsplätzen sieht man an, dass sie niemandem wirklich gehören. Menschen, die auf ihren Besitz und ihr Umfeld nicht Acht geben, können große Unordnung um sich herum verbreiten.

Ich habe die Erfahrung gemacht, dass es häufig Menschen sind, die in ihrer Kindheit zwar Geschenke bekommen haben, diese aber stets mit vielen Bedingungen und Ermahnungen verknüpft waren.

Oder die Dinge wurden ihnen von Geschwistern oder Eltern wieder weggenommen. Ihnen gehörte nie wirklich etwas. Viele von ihnen hatten das Gefühl, nicht willkommen zu sein. Fragen Sie solche Menschen, was im Leben ihnen wirklich gehört und ob sie wirklich das Gefühl haben dort hinzugehören wo sie sind. Sie werden mit Sicherheit einige überraschende Antworten bekommen.

Ein ausgewogener, nicht übermäßiger Umgang mit sich selbst, in allen Bereichen des Lebens, ist ein wichtiges Element für jeden Menschen, auf dem persönlichen Weg, hin zum Glück. Das Gegenteil von dem bedeutet – unwillkürlich – Unausgewogenheit und Disharmonie der eigenen Körperfunktionen, wie auch des Geistes, bis hin zur Krankheit, ja zum Stillstand.

Wir wollen uns bewegen, unsere Ziele schließlich erfolgreich erreichen, also wählen wir doch den Weg der Förderung notwendiger Funktionen, und somit den Weg zum Glück!!!

Wenn Sie Ihren Besitz und Ihre Umgebung schützen wollen, bringen Sie auch andere dazu, für deren eigenen Bereich zu sorgen.

SEIEN SIE EHRLICH ZU SICH UND ANDEREN

Wir sollten unseren Körper schätzen und ehren, ihn lieben wie uns selbst. Und wir bleiben weiter bei unserem komplexen Umfeld. Widmen uns auch den Freunden, Bekannten, Kollegen, den Verwandten und hier besonders den Eltern.

Bei all diesen Bezugspersonen und unserem Umgang mit ihnen gilt es, sich nicht zu verstellen und ehrlich einander gegenüber zu treten. Ein Konstrukt von Lügengeschichten hat noch keinem wirklich weiter geholfen.

Kommt die Wahrheit ins Spiel, wird es nur noch peinlich und unangenehm für den Verursacher von Halbwahrheiten, der Lüge. Stets muss die Zielorientierung mit entsprechenden Lösungsmöglichkeiten dabei vorrangig bleiben.

Probleme an sich gibt es keine – doch sprechen wir von Situationen und deren Wegen der Entwicklung. Wie auch in unseren Körpern, haben Auswirkungen auf ein jedes System, Resultate in den benachbarten Systemen zur Folge.

ACHTEN SIE AUF IHRE UMWELT

Ob Mensch, Frau oder Mann, Tiere, Pflanzen – unsere Umwelt ist es wert, respektvoll umsorgt und behandelt zu werden. Wir müssen stets das Wohl aller, auf der Liste unserer Prioritäten ganz oben stehend, im Auge behalten. Mit genügend Fleiß, entsprechender Kompetenz und gebührender Ausdauer, werden sich auch bei all unserem Treiben die ersehnten Erfolge verbuchen lassen.

Das Signal von Hilfsbereitschaft, die freundliche Geste, all das öffnet Türen, ebnet Wege. Wobei das Gegenteil eher geneigt ist, Blockaden zu schaffen, einfache, offen scheinende Wege und Türen, bleiben uns dann versperrt und verschlossen.

Mit den uns zur Verfügung stehenden Kräften und Mitteln sollten wir der gesamten Menschheit unterstützend zur Seite stehen.

Mit einem übergeordneten Geist, fern ab von den kleinen, manchmal engstirnigen eigenen Bedürfnissen, dem großen Ganzen helfen. Dann wird es was – auch mit den nicht ganz so geschätzten Nachbarn. Wem oder was auch immer.

An der Erde teilzuhaben und ihr helfen zu können, ist für so manchen ein mächtiger und irrealer Gedanke. Aber in unserer Zeit kann etwas, das auf der anderen Seite der Erde geschieht, sogar aus einer so großen Entfernung, einen Einfluss auf das Geschehen in Ihren eigenen vier Wänden haben.

Für die Erde zu sorgen fängt vor der eigenen Haustür auf der eigenen Treppe an. Von dort aus zieht es immer weitere Kreise. Von der Schule oder Arbeit über Parks und andere öffentliche Plätze, die von uns aufgesucht werden, bis hin zu den ausgewählten Urlaubsorten.

Wasserverschmutzung, Abfall oder Artenschutz sind Dinge, zu denen man nicht beitragen muss, auf jeden Fall allerdings etwas unternehmen kann.

Wenn Sie Zeit haben, sich langweilen oder einfach etwas tun wollen, bringen Sie sich ein und setzen Sie sich dafür ein, Ihre und somit auch unser aller Umwelt instand zu halten, umso mit Kleinigkeiten mehr Schönheit in die Welt zu bringen.

Fühlen Sie sich verantwortlich für die Erde auf der Sie leben und legen Sie es auch anderen nah, mit wenig etwas Großes zu schaffen. Fangen Sie klein an und halten Sie Ihre Umgebung sauber.

ÜBERNEHMEN SIE VERANTWORTUNG

Das Vertrauen in seine Mitmenschen und der feste Glaube, dass jemand zuverlässig und ehrlich ist, sind von essentieller Bedeutung für jeden von uns. Nicht belogen zu werden, sich auf jemanden fest verlassen zu können, ist ein hohes Gut. Können Sie sich auf Ihre Mitmenschen nicht verlassen, sind Sie selbst gefährdet.

Ihr Leben kann ins Ungleichgewicht geraten wenn Menschen, auf die Sie zählen, Sie belügen oder im Stich lassen. Gegenseitiges Vertrauen ist der Grundstock menschlicher Beziehungen. Wird er beschädigt oder fehlt er sogar ganz, kann das ganze Werk in sich zusammenstürzen.

Vertrauenswürdigkeit steht hoch im Kurs. Sie entscheidet über wertvoll und wertlos. Zeigen Sie Ihren Mitmenschen was Vertrauen heißt und lassen Sie es sie verdienen. So werden Sie für sich selbst und für andere wertvoll.

GELD UND SPIRITUALITÄT
GEHÖREN ZUSAMMEN

Die finanzielle und die spirituelle Sphäre sind unmittelbar miteinander verbunden. Ein erstaunliches Experiment mit einer Gruppe von Menschen zeigte, wie tief das Geld mit dem Selbstwert des Menschen verbunden ist.

Das Problem, welches wir auf der Welt haben, ist, dass es eine Trennung zwischen finanziellem Wohlstand und geistiger Wissenschaft, Spiritualität genannt, gibt.

Es gibt Menschen, die haben sich für Geld und Reichtum entschieden. Sie streben nach Macht und viele von ihnen sind habgierig geworden.

Die Menschen, die sich allerdings der geistigen Wissenschaft (Spiritualität) widmen, haben im Gegenteil wenig Geld und Wohlstand und leiden an Armut, leben ggf. an der Überlebensgrenze. Diese Menschen sind keine ganzen und wahrhaftigen Menschen.

Ihnen fehlt ständig etwas. Ihnen fehlt Glück, Zufriedenheit und ein erfülltes Leben. Und viele von ihnen versuchen durch mehr Konsum, Kauf, Essen usw. mehr Erfüllung in ihrem Leben zu finden oder durch mehr Meditation und den Mond anzuheulen, regelrecht ihr Glück einzufordern.

Die Menschen, die ihren Fokus nur auf das Geld gerichtet haben, alles am Geld messen und stetig danach streben, mehr davon zu haben, verlieren sich und haben nicht die Zeit den Moment zu genießen und Glück zu empfinden.

Sie sehen Liebe in materiellen Dingen und machen die Liebe und das Glück, die ein Mensch ihnen entgegenbringt, von den Geschenken und ihrem Preis abhängig.

Sie sind krank und geben das erwirtschaftete Geld, über welches sie im Überfluss verfügen, für ihre verlorene Gesundheit aus, damit sie länger leben können. Und wenn das Ende naht, und sie auf dem Sterbebett liegen, bereuen sie es, nicht inne gehalten zu haben, den Moment nicht genossen zu haben und sich nicht oder wenig um ihre Kinder gekümmert zu haben. Und diejenigen, die sich Gott zugewandt haben, leben in Armut.

Wie wäre es, mit einem neuen Menschen, der beides miteinander verbindet. Ich befürworte moderne Technik und Kapitalismus, verbunden mit geistiger Wissenschaft. Und nur die wenigen, die es geschafft haben, genau diese Elemente bewusst oder unbewusst miteinander zu verbinden, sind nicht nur finanziell unabhängig, sondern sie spüren auch Glück und Erfüllung in ihrem Leben.

DIE VIER QUADRANTEN

*„Wenn Sie sich eine neue Welt wünschen,
dann seien Sie selbst die Veränderung."*

Eine der wichtigsten Einsichten, die Sie jemals haben
können ist, dass wir nicht nur auf einer Ebene des Seins
leben. Unser Leben erstreckt sich über mindestens vier
unterschiedliche Bereiche gleichzeitig.

Diese vier Quadranten sind die physische Welt, die mentale Welt, die emotionale Welt und die geistige Welt.
Und die meisten Menschen erkennen immer mehr, dass
die physische Welt nur ein „Ausdruck" der anderen drei
Welten ist.

Gesundheit, Krankheit, Übergewicht, eine erfüllte
Beziehung, Geld oder Finanzen – das alles sind Ergebnisse. Wir leben in einer Welt von Ursache und Wirkung.
Der einzige Weg, die „äußere" Welt zu verändern,
besteht darin, zuerst Ihre „innere" Welt zu ändern.

Wie auch immer Ihre Resultate aussehen mögen, seien
sie beachtlich oder ärmlich, gut oder schlecht, positiv
oder negativ, denken Sie stets daran, dass Ihre äußere
Welt lediglich Ihre innere Welt widerspiegelt.

Wenn die Dinge in Ihrem äußeren Leben nicht gut
laufen, dann liegt das daran, dass die Dinge in Ihrem
inneren Leben nicht gut laufen. Entscheidend ist
niemals, wo Sie herkommen und wie viele Rückschläge
Sie bisher hatten. Entscheidend ist, dass Sie bereit sind,
der zu werden, der Sie sein müssen, um jene Dinge zu
erreichen, die Sie unbedingt erreichen wollen!

TREFFEN SIE JETZT EINE ENTSCHEIDUNG!

Jeder menschliche Fortschritt beginnt damit, eine neue Entscheidung zu treffen. Welche Entscheidung, durch die Ihr Leben sich verbessern würde, schieben Sie schon lange vor sich her?

Vielleicht ist es der Entschluss, statt zu rauchen oder zu trinken lieber zu joggen oder zu lesen. Oder morgens früher und in besserer Laune aufzustehen. Vielleicht ist es die Entscheidung, nicht länger anderen Leuten die Schuld zu geben, sondern stattdessen selbst jeden Tag etwas dafür zu tun, dass Ihr Leben erfreulicher wird.

Vielleicht entschließen Sie sich dazu, beruflich erfolgreicher zu werden, indem Sie etwas leisten, das für andere von ganz besonderem Wert ist.

Vielleicht entscheiden Sie sich dafür, sich weiterzubilden und neue Fertigkeiten zu erwerben, um mehr Geld zu verdienen oder mehr für Ihre Familie und Ihre Freunde tun zu können.

Treffen Sie jetzt, in diesem Augenblick, zwei Entscheidungen, die Sie auch wirklich in die Tat umsetzen wollen – koste es, was es wolle. Treffen Sie zuerst eine einfache Entscheidung: ein Versprechen an sich selbst oder andere, das Sie leicht einhalten können.

Indem Sie diese Entscheidung wirklich umsetzen, beweisen Sie sich, dass Sie fähig sind, auch größere Entscheidungen zu treffen. Sie entwickeln auf diese Weise stärkere „Entscheidungs-Muskeln".

Treffen Sie nun eine zweite Entscheidung, eine, von der Sie wissen, dass sie größeren, persönlichen Einsatz erfordert. Entscheiden Sie sich für etwas, was Sie inspiriert. Notieren Sie sich die beiden Entscheidungen und erzählen Sie Ihrer Familie und Ihren Freunden davon.

SCHLUSSWORT

Das Verhalten und die Handlung anderer beeinflussen das eigene Leben. Diese Grundprinzipien verhelfen nicht nur mir zu einer verbesserten Lebensqualität, sondern auch meinen Bekannten und Freunden. Beginnen Sie mit engen Freunden und Bekannten, die Ihr Leben beeinflussen.

Geben Sie Ihnen ein Exemplar dieses Buches und fünf weitere, damit auch sie die Ruhe im immer weiteren Umkreis verbreiten können. Warum? Weil Sie der Durchschnitt von fünf Menschen sind, die Sie umgeben. Sagen Sie mir wer Ihre Freunde sind, dann sage ich Ihnen, wer Sie sind.

Es gibt eine Studie, die beweist, dass man von seinen besten Freunden beeinflusst wird. Wenn man mit sich und seinem Leben nicht zufrieden ist, dann ist man der Durchschnitt von fünf Menschen, die einen umgeben.

Fragen Sie Ihre fünf besten Freunde was sie wiegen und der Durchschnitt wird Ihr eigenes Gewicht sein. Fragen Sie Ihre fünf besten Freunde was sie beruflich verdienen und der Durchschnitt wird Ihr eigenes Einkommen sein – oder Ihr Einkommen in naher Zukunft!

Stellen Sie sich also vor, dass Sie fünf Freunde und Bekannte nominieren und ihnen dieses Handbuch geben und jede dieser Personen weitere fünf Personen aussucht und ihnen fünf dieser Exemplare aushändigt, dann haben wir bald eine Reihe von glücklichen Menschen, die positiv beeinflusst werden.

Reza Hojati | Autor, Hypnotist und Persönlichkeitstrainer

Reza Hojati Autor, LifeCoach, Mentaltrainer und Hypnotist bietet seit über 20 Jahren Mindprogramming Seminare und Workshops an, die es so in Deutschland bisher noch nicht gegeben hat. Seminare für Menschen, die interessiert sind, am Entdecken ihrer Innerlichkeit verbunden mit einem angenehmen Leben.

Seine Arbeit basiert auf Mentaltraining, med. Hypnosetherapie, positiver Psychologie, Neurowissenschaften und Neuro-Linguistischem Programmieren.

Sein zentrales Thema und Anliegen ist, die Menschen daran zu erinnern, dass sie von Natur aus bereits alle Fähigkeiten in sich tragen, um gewünschte Veränderungen in ihrem Leben zu erreichen.

Mit seinem einzigartigen Vortragsstil verbindet Reza Hojati Know-how, Körper, Geist, Herz, und Mindprogramming Techniken. Er bringt die Dinge auf den Punkt und hilft seinen Zuhörern die Veränderungen in sich zu finden und zu manifestieren. Wer ihn in Aktion erlebt, der weiß, dass er es versteht, seine Zuhörer zu fesseln und zu überzeugen.

Seine lebhafte Vortragsart und seine Fähigkeit, auf die Zuhörer einzugehen, begeistern seine Seminarteilnehmer immer wieder aufs Neue.

Seit über 20 Jahren beschäftigt sich Reza Hojati mit der Psychologie des Menschen, seinen Gewohnheiten und Gedankenprogrammierungen. In den letzten zwei Jahrzehnten konnte er im Rahmen seiner Arbeit mit Menschen, die unter unterschiedlichsten Problemen litten, immer wieder feststellen, dass im Grunde alle

diese Probleme den gleichen Ursprung haben – und
zwar negative Programme, die in Dauerschleife im
Unterbewusstsein ablaufen.

Er zeigt auf, wie die mentale Einstellung trainiert und
verbessert werden kann, um erfolgreicher und selbstsi-
cher zu sein. Dabei wird diese Gedankenfokussierung
bei allen Teilnehmern fest manifestiert, sodass jeder
ganz automatisch eigene Strategien in seinem Leben
entwickeln kann, die ihn zum Erfolg führen. Durch diese
Gedankenfokussierung auf einen gewünschten Zustand,
wird sich jeder selbst zum Erfolg führen.

Seine Mission

Reza Hojati ist der festen Überzeugung, dass alle ein
erfolgreiches und glückliches Leben führen können.
Seine Mission besteht darin, Menschen auf der Grundla-
ge von Mut, Selbstvertrauen und Freude weiterzubilden
und sie zu inspirieren, in ihrem hohen Selbst zu leben.

Reza Hojati ist überzeugt, dass wir mit den richtigen
Gedankenprogrammen und der passenden Lebenseinstellung sowie einem gesunden Selbstbild ein erfülltes
Leben führen können. Mit dieser Art von Bewusstheit
kann jeder Mensch das Beste aus sich machen, und das
in jedem Moment seines Lebens.

Er sagt klar, dass Glück, Freude und Wohlstand Geburts-
rechte sind, welche wir alle erfahren sollten.

*„In den vergangenen Jahren haben wir eine scheinbar
unaufhaltsam wachsende Welt und Wirtschaft erlebt.
Eine Zeit von Erfolg, Wohlstand, Luxus und vielem mehr.
Aber all das hat Schattenseiten: Unsere Welt ist immer
härter und oberflächlicher geworden.*

Immer mehr Menschen erkennen, dass die ständige Suche nach dem Sinn in ihrer Arbeit oder im Erfolg sie weder glücklich noch zufrieden macht.

Ihre bisherige Lebensweise hat die Menschheit unglücklich und unzufrieden gemacht. Viele von ihnen wachen endlich auf und suchen wahrhaftig nach Möglichkeiten, die sie befähigen die physische, emotionale und mentale sowie die geistige Welt miteinander zu verbinden. Damit sie Glückseligkeit in ihrem Leben erfahren können."

>> Reza Hojati | LifeCoach & Hypnotist <<